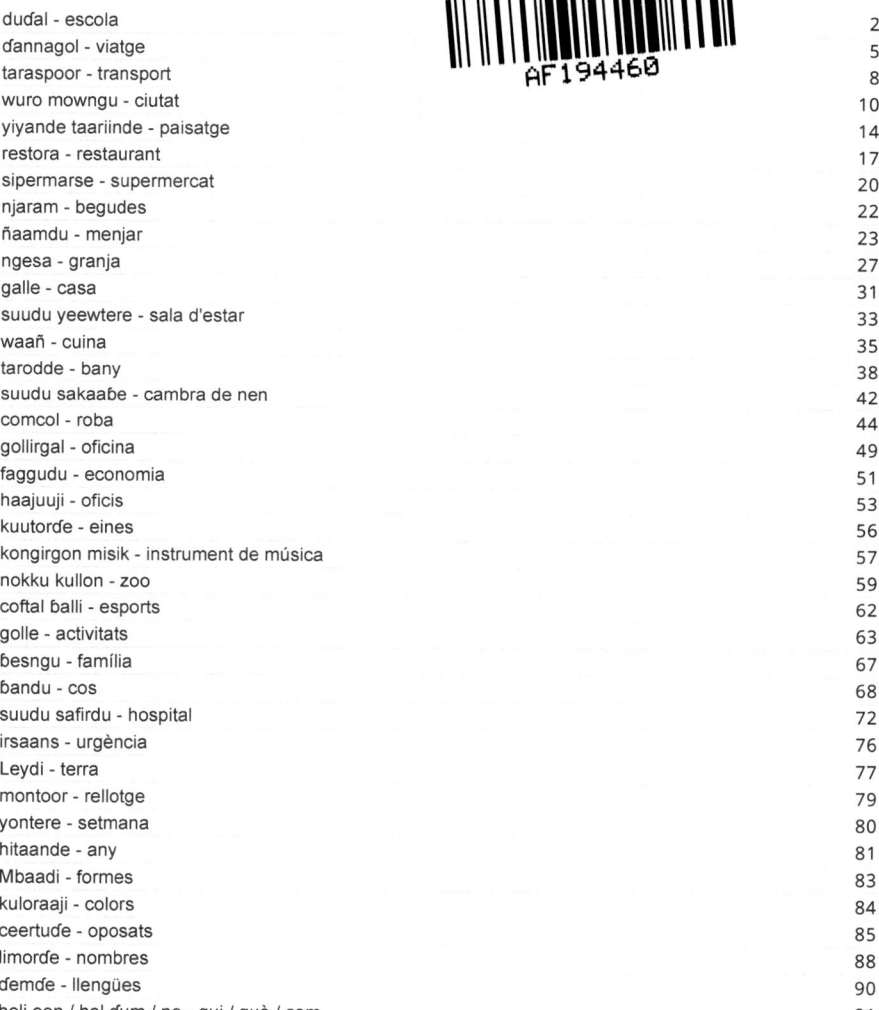

Impressum
Verlag: BABADADA GmbH, Nedderfeld 112 , 22529 Hamburg
Geschäftsführer / Verlagsleitung: Harald Hof
Druck: Books on Demand GmbH, In de Tarpen 42, 22848 Norderstedt

Imprint
Publisher: BABADADA GmbH, Nedderfeld 112 , 22529 Hamburg, Germany
Managing Director / Publishing direction: Harald Hof
Print: Books on Demand GmbH, In de Tarpen 42, 22848 Norderstedt

duɗal

escola

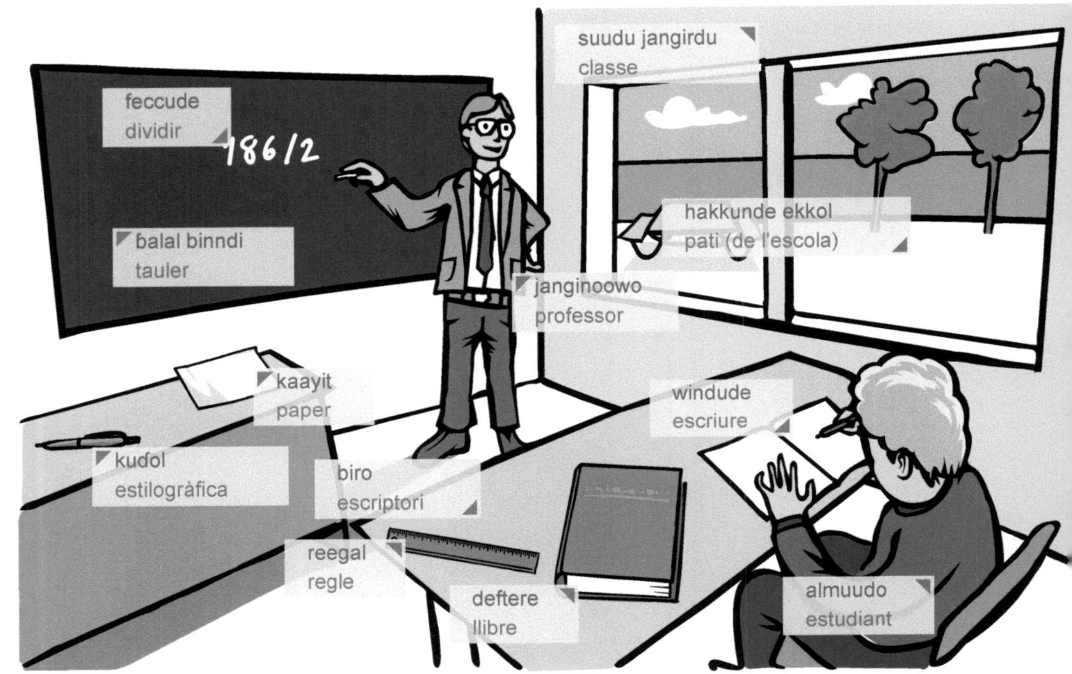
suudu jangirdu
classe
feccude
dividir
186/2
ɓalal binndi
tauler
hakkunde ekkol
pati (de l'escola)
janginoowo
professor
kaayit
paper
windude
escriure
kuɗol
estilogràfica
biro
escriptori
reegal
regle
deftere
llibre
almuudo
estudiant

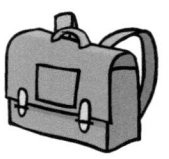

kartaabal

bossa

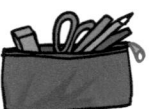

moftirdo kereyonji

estoig

kereyo

llapis

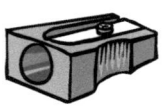

ceeɓnirgel kereyon

maquineta de fer punta

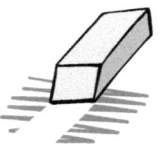

momtirgel

goma

alluwal ciifirgal

bloc de dibuix

ciifgol

dibuix

limsere pentirteeɗo

pinzell

suwo pentirɗo

capsa de pintures

sisooji

tisores

ɗakkorgal

cola

deftere ekkorgal

quadern d'exercicis

golle janŋde

deures

niimara

nombre

beydude

afegir

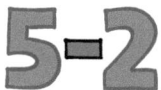

ustude

sostreure

beydude keeweendi

multiplicar

qimaade

calcular

bataake

lletra

karfeeje

alfabet

kongol

mot

bindol

text

jangude

llegir

bindirgal

guix

darsu

lliçó

winditaade

llibre de classe

egsame

examen

sartifika

certificat

comcol duɗal

uniforme escolar

janŋde

formació

ansikolopedi

enciclopèdia

duɗal jaaɓi haɗtirde

universitat

mikoroskop

microscopi

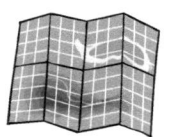

kartal

mapa

suwo kurjut

paperera

ɗannagol
viatge

otel
hotel
Grand
obers
alberg
ROOMS
CHANGE
D
nokku beccugol e neldugol
oficina de canvi
waxannde
maleta
oto
automòbil

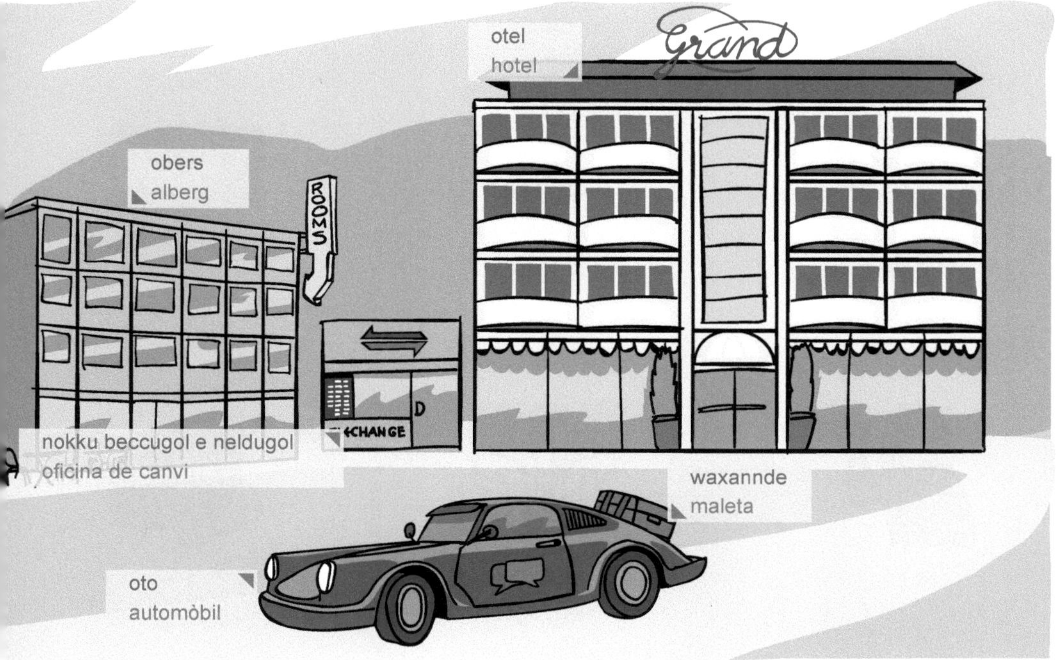

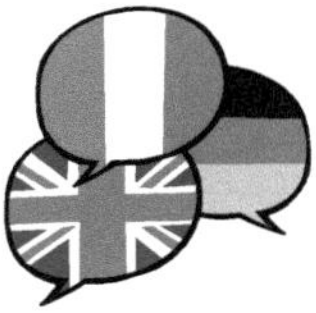

ɗemngal

llengua

Eey / ala

sí / no

Moyÿi

D'acord

mbaɗɗa

Ey!

pirtoowo

traductora

A jaraama

gràcies

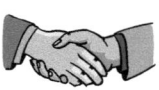

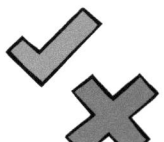

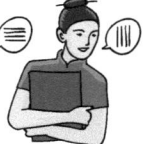

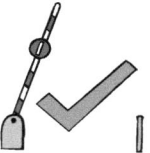

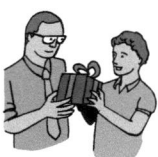

no foti…?

Quant costa… ?

Mi faamaani

No entenc

hanmi

problema

Jam hiri!

Bona nit!

Jam waali!

bon dia!

Mbaalen e jam!

bona nit!

ñande woɗnde

fins aviat

laawol

direcció

bagaas

bagatge

saawdu

bossa

saawdu wambateendu

sarrona

koɗo

convidat

suudu

cambra

njegenaaw

sac de dormir

caalel ladde

tenda

kabaruuji tuurist	tufnde	kartal banke
oficina de turisme	platja	carta de crèdit

kacitaari	bottaari	hiraande
esmorzar	dinar	sopar

biye	suutde	tampon
bitllet	ascensor	segell

keerol	duwaan	ambasad
frontera	duana	ambaixada

wiisa	paaspoor	
visat	passaport	

taraspoor
transport

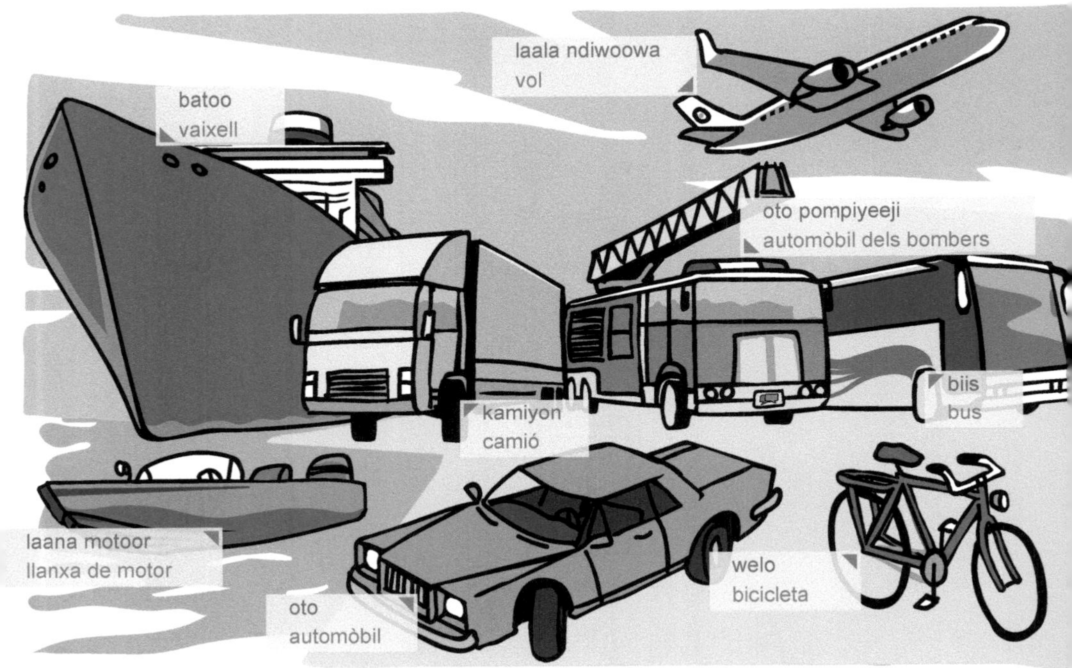

laala ndiwoowa
vol
batoo
vaixell
oto pompiyeeji
automòbil dels bombers
biis
bus
kamiyon
camió
laana motoor
llanxa de motor
welo
bicicleta
oto
automòbil

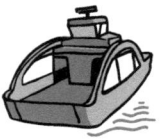

batoo

transbordador

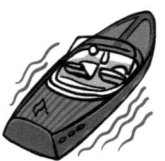

laana

barca

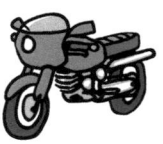

welo

moto

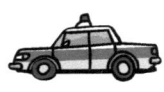

oto polis

automòbil de policia

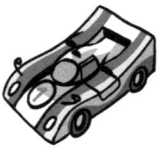

oto dogirteeɗo

automòbil de curses

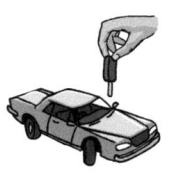

oto luwateeɗo

automòbil de lloguer

dendugol oto

vehicle compartit

oto dandoowo goɗɗo

grua

oto kurjut

camió de les escombraries

motoor

motor

karbiran

benzina

nokku esaans

benzineria

tintinooje yaangarta

senyal de trànsit

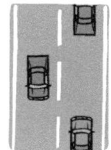

yaa ngarta

trànsit

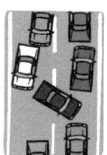

jiibo yaa ngarta

embús

dingiral otooji

aparcament

dingiral laana leydi

estació de trens

laabi

vies

laana leydi

tren

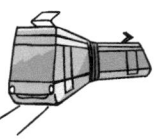

laana ndegoowa

tramvia

saret

vagó

elikopteer

helicòpter

ayrepoor

aeroport

tuur

torre

wonɓe e laana

passatger

konteneer

contenidor

karton

capsa de cartó

duñirgel kaake

carretó

basket

cistella

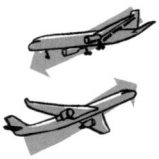

diwde / juuraade

enlairar-se / aterrar

wuro mowngu

ciutat

wuro

poble

hakkunde wuru wowngo

centre de la ciutat

galle

casa

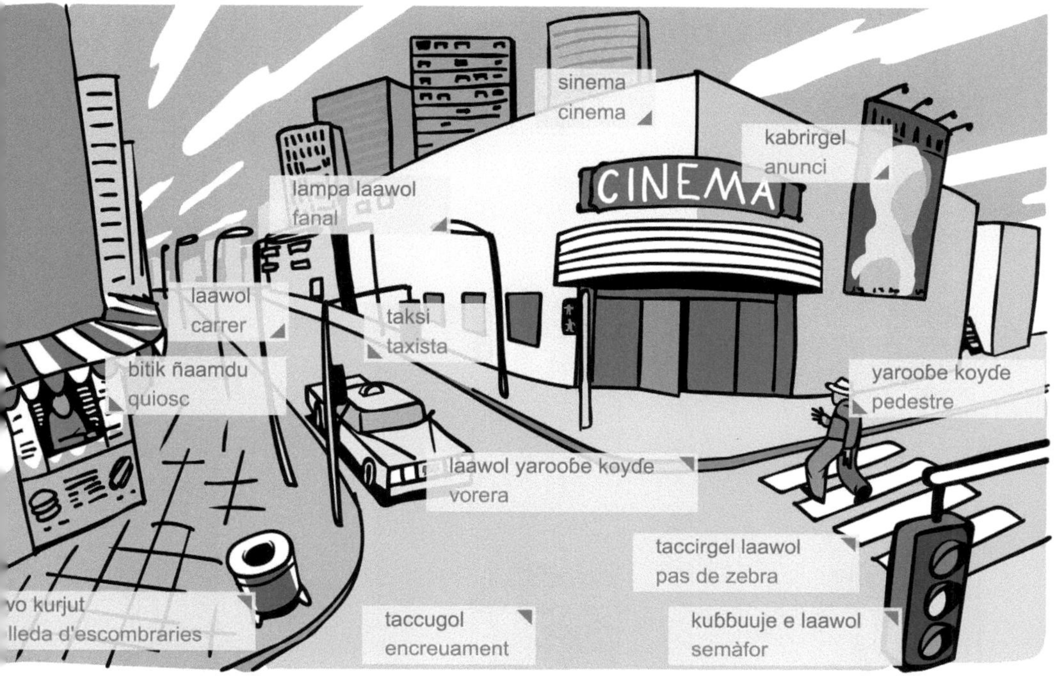

sinema
cinema
kabrirgel
anunci
CINEMA
lampa laawol
fanal
laawol
carrer
taksi
taxista
bitik ñaamdu
quiosc
yarooɓe koyɗe
pedestre
laawol yarooɓe koyɗe
vorera
taccirgel laawol
pas de zebra
vo kurjut
lleda d'escombraries
taccugol
encreuament
kuɓɓuuje e laawol
semàfor

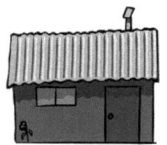

tiba

cabana

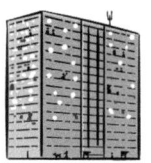

ko foti

apartament

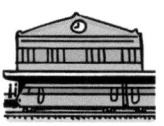

dingiral laana leydi

estació de trens

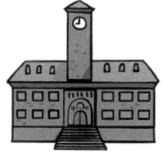

meeri

casa de la vila-ciutat

MUSEUM

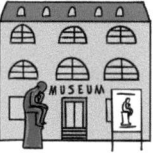

miise

museu

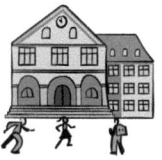

duɗal

escola

duɗal jaaɓi haɗtirde

universitat

banke

banca

suudu safirdu

hospital

otel

hotel

farmasi

farmàcia

gollirgal

oficina

suudu defte

llibreria

bitik

botiga

jeyoowo fuloraaji

floristeria

sipermarse

supermercat

jeere

mercat

madase mawɗo

gran magatzem

jeyoowo liɗɗi

peixateria

nokku coodateeɗo

centre comercial

poor

port

park
parc

jooɗorgal
banc

taccirgal
pont

ŋabbirɗe
escala

laawol metero
metro

laawul les leydi
túnel

fongo biis
parada d'autobús

baar
bar

restora
restaurant

buwaat postaal
bústia de correu

lewñowel laawol
senyal indicador

to otooji ndaroto
parquímetre

nokku kullon
zoo

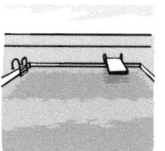

pisin
piscina

jama
mesquita

ngesa

granja

gakkingol hendu

pol·lució

bammule

cementiri

egiliis

església

dingiral

parc infantil

tampl

temple

yiyande taariinde

paisatge

baramlefol
fulla

tugayal tintinirgal
cartell indicador

laawol
camí

Huɗo sukkuko
prat

haayre
pedra

ŋayloowo
excursionista

lekki
arbre

maayo
riu

huɗo
gespa

fuloor
flor

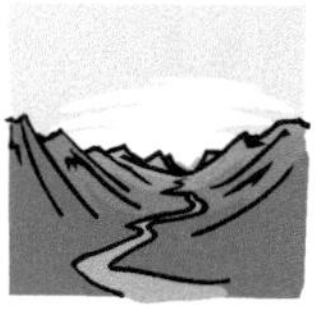

nokku kaañe mawɗe to ndiyam dogata

vall

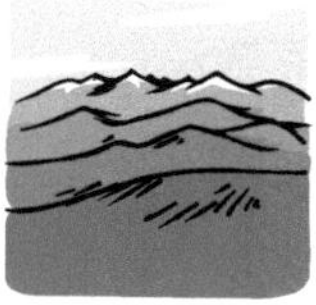

waande

muntanya

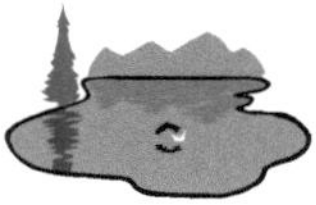

weedu

llac

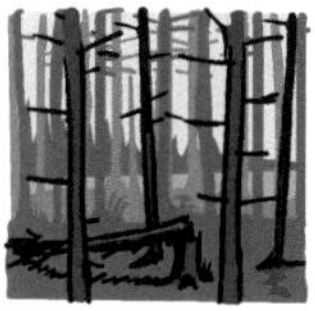

ladde

bosc

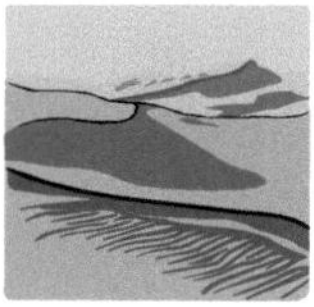

ladde yoornde

desert

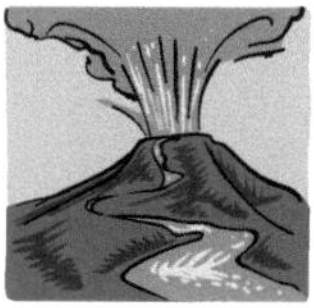

wolkan

volcà

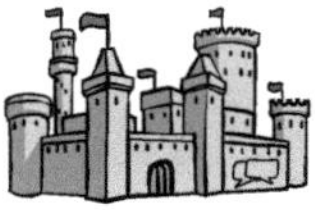

satoo

castell

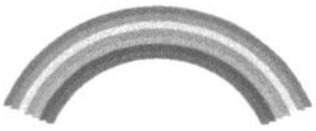

timtimol

arc de Sant Martí

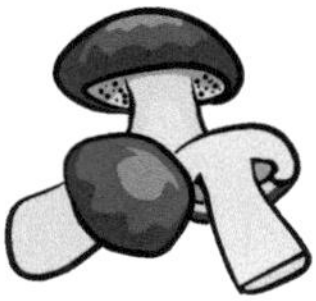

sampiñon

bolet

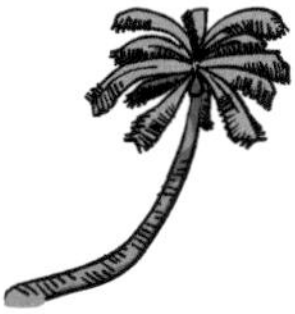

leki palm

palmera

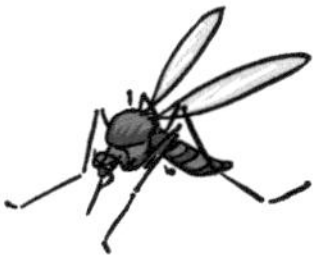

ɓowngu

moscard

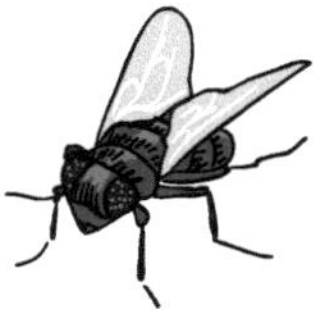

diwde

mosca

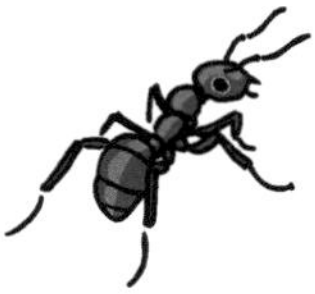

njabala

formiga

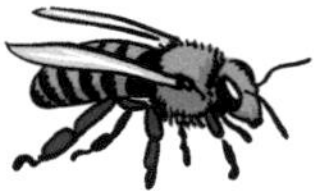

mbuubu ñaak

abella

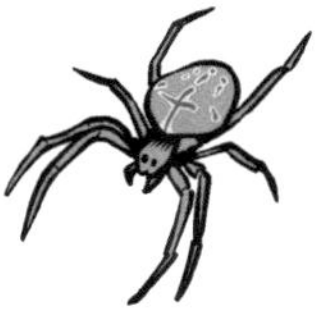

njabala

aranya

hoowoyre keppoore

escarabat

faabru

granota

doomburu ladde

esquirol

sammunde

eriçó

fowru

llebre

pubbuɓal

òliba

colel

ocell

kakeleewal ladde

cigne

mbabba tugal

senglar

lella

cervo

Nagge nde galladi cate

ant

baraas

presa

masiŋel battowel hendu
jeynge

turbina

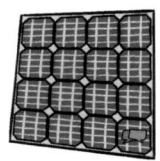

Lowowel nguleeki

panell solar

kilima

clima

restora
restaurant

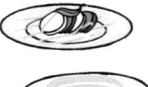

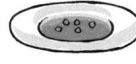

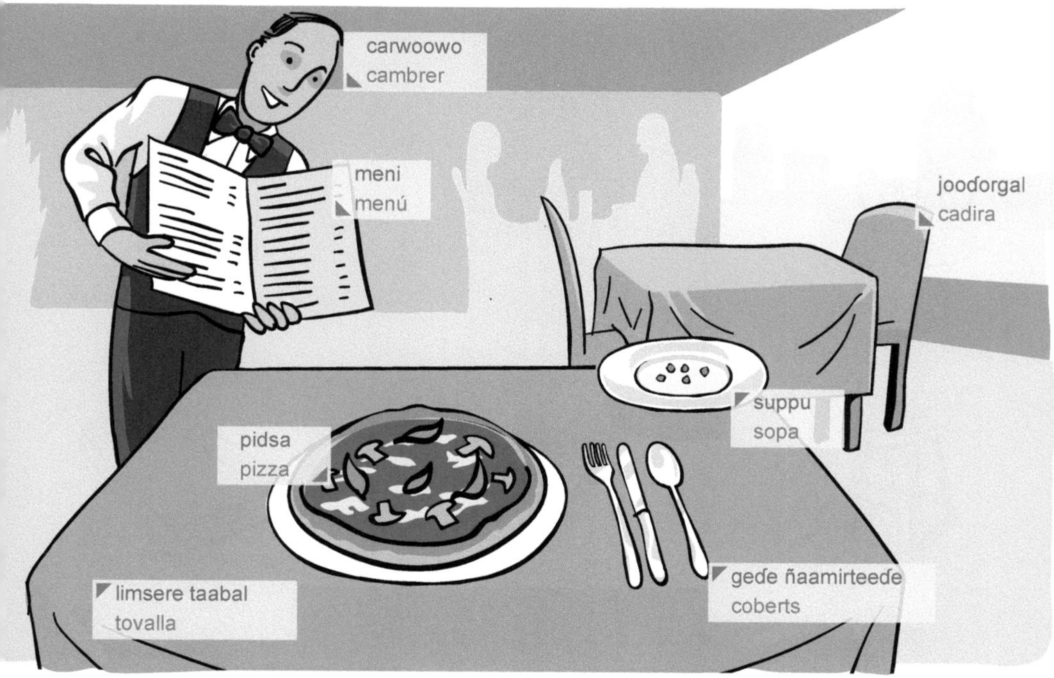

carwoowo
cambrer
meni
menú
jooɗorgal
cadira
suppu
sopa
pidsa
pizza
limsere taabal
tovalla
geɗe ñaamirteeɗe
coberts

tongitirgel

primer plat

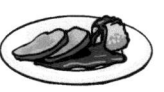

ñaamdu nguraandi

plat principal

tuftorogol

darreries

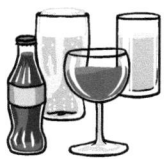

njaram

begudes

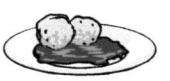

ñaamdu

menjar

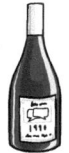

butel

ampolla

fast fud

menjar ràpid

ñaamdu laawol

menjar de carrer

baraade

tetera

cupayel suukara

sucrer

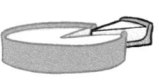

geɗel

porció

Masinŋ kafe

màquina d'espresso

jooɗorgal toowngal

trona

biye

factura

ñorgo

plata

paaka

ganivet

furset

forqueta

kuddu

cullera

nokkere kuddu

cullereta

sarbet

tovalló

weer

got

restora - restaurant

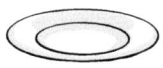

palaat
plat

palaat suppu
plat de sopa

cupayel
plateret

soos
salsa

pot lamđam
saler

moññirgal poobar
molinet de pebre

bineegara
vinagre

nebam
oli

kaađnooje
espècies

ketsap
quètxup

muttard
mostassa

mayonees
maionesa

sipermarse
supermercat

ngustugul coggu
oferta especial
kiliyaan
client
kosameeje
productes lactis
ɓikkon leɗɗe
fruites
daasirgel
carret de la compra
FOR

BUTCHERS

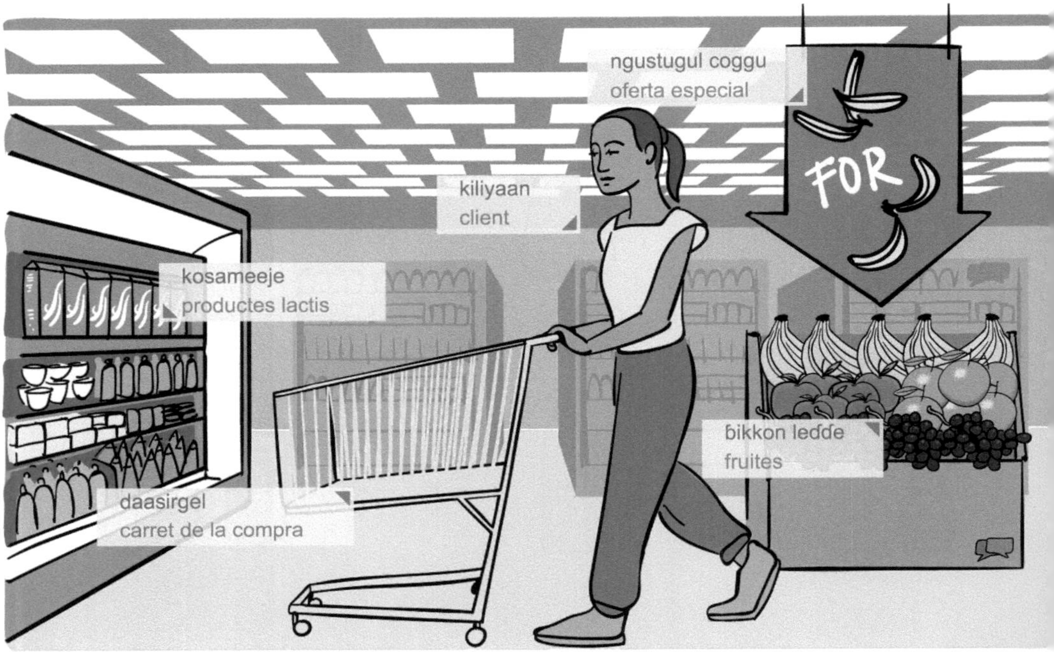

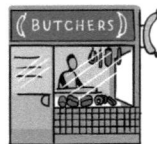

jeyoowo teew nagge

carnisseria

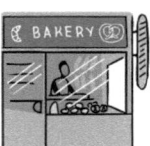

BAKERY

juɗoowo mburu

forn de pa

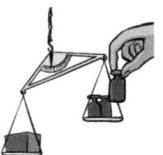

ɓetde

pesar

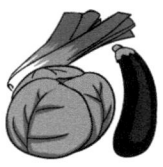

lijim

verdures

teew

carn

ñaamdu ɓumnaandu

menjar congelat

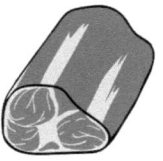

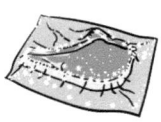

teew moftaaɗo
carn freda

ñaamdu nder buwat
conserves

condi lawyirteendu
detergent en pols

bonboonji
dolços

geɗe ngurdaaɗe
articles domèstics

porodiwiiji laaɓnirni
productes de neteja

julaaajo
venedora

haa
caixa registradora

kestotooɗo
caixera

limto coodateeɗi
llista de la compra

waktuuji golle
horari d'obertura

kalbe
portamonedes

kartal banke
carta de crèdit

saak
bossa

saak dalli
bossa de plàstic

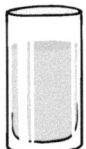

ndiyam

aigua

njaram

suc

kosam

llet

yŭlmere

coca-cola

sangara

vi

sangara

cervesa

sangara

alcohol

kakao

cacau

ataaya

te

kafe

cafè

kafe jon jooni

espresso

kafe italinaaɓe

cappuccino

banaana

banana

pom

poma

oraas

taronja

dende

síndria

limonŋ

llimona

karot

pastanaga

laay

all

lekki bambu

bambú

basalle

ceba

sampiñon

bolet

gerte

avellanes

espageti

fideus

espageti

espaguetis

maaro

arròs

salaat

amanida

firit

patates fregides

faatat cahaaɗo

patates fregides

pidsa

pizza

amburgeer

hamburguesa

sandiwis

entrepà

buhal baddangal e lijim

escalopa

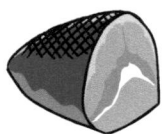

buhal teew

cuixot

kaane biyeteeɗo sosison

salami

sosis

salsitxa

gertogal

pollastre

defaɗum

rostit

liingu

peix

ndefu gabbe kuwakeer

flocs de civada

njilɓundi aɓuwaan e gabbe godɗe

musli

kornfelek

cereals

farin

farina

kurwasa

croissant

pe o le

panet

mburu

pa

mburu juɗaaɗo

torrada

mbiskit

bescuits

nebam boor

mantega

kosam kaaɗɗam

mató

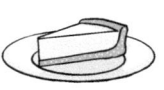

gato

pastís

ɓoccoonde

ou

moccoonde fasnaande

ou fregit

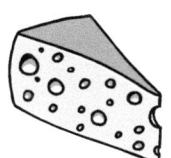

foromaas

formatge

ñaamdu - menjar

kerem galaas

gelat

suukara

sucre

njuumri

mel

teew nagge

melmelada

nirkugol sokkola

crema de xocolata

suppu kaane

curri

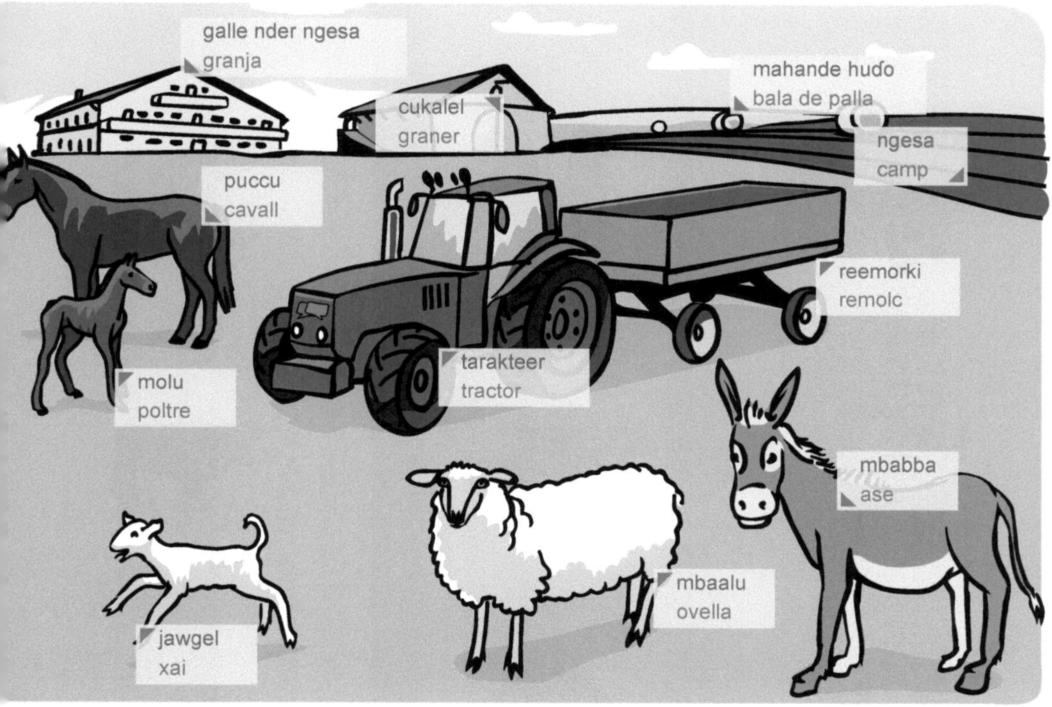

galle nder ngesa
granja

mahande huɗo
bala de palla

cukalel
graner

ngesa
camp

puccu
cavall

reemorki
remolc

tarakteer
tractor

molu
poltre

mbabba
ase

mbaalu
ovella

jawgel
xai

ndamdi

cabra

nagge

vaca

mbeewa

vedella

mbabba tugal

porc

bingel mbabba tugal

garrí

ngaari ladde

bou

jarlal ladde

oca

gerlal

ànec

cofel

poll

jarlal

gall

ngori

gallina

doomburu

rata

ullundu

gat

doomburu

ratolí

nagge

bou

rawaandu

gos

nokku dawaaɗi

gossera

tiwo sardin

mànega de regar

doosirgal

regadora

wofdu mawndu

dalla

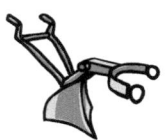

masinŋ demoowo

arada

wofdu
falç

coppirgal
aixada

rato
forca

hakkunde
destral

buruwet
carretó

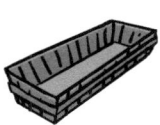

mbalka
abeurador

kosam buwat
lletera

saak
sac

kalasal galle
tanca

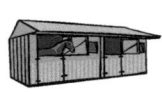

nokku pucci
establa

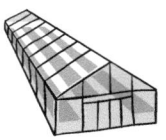

inexistant
hivernacle

leydi
sòl

abbere
llavor

nguurtinooje leydi
adob

masinŋ coñirteeɗo
collidora

soñde

collir

soñde

collita

ñambi

nyam

bele

blat

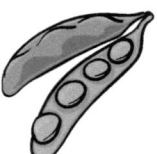

soja

soja

faatat

patata

maka

blat de moro o d'indi

abbere lekki kolsa

colza

lekki firwiiji

arbre fruiter

ñambi

mandioca

sereyaal

cereals

galle
casa

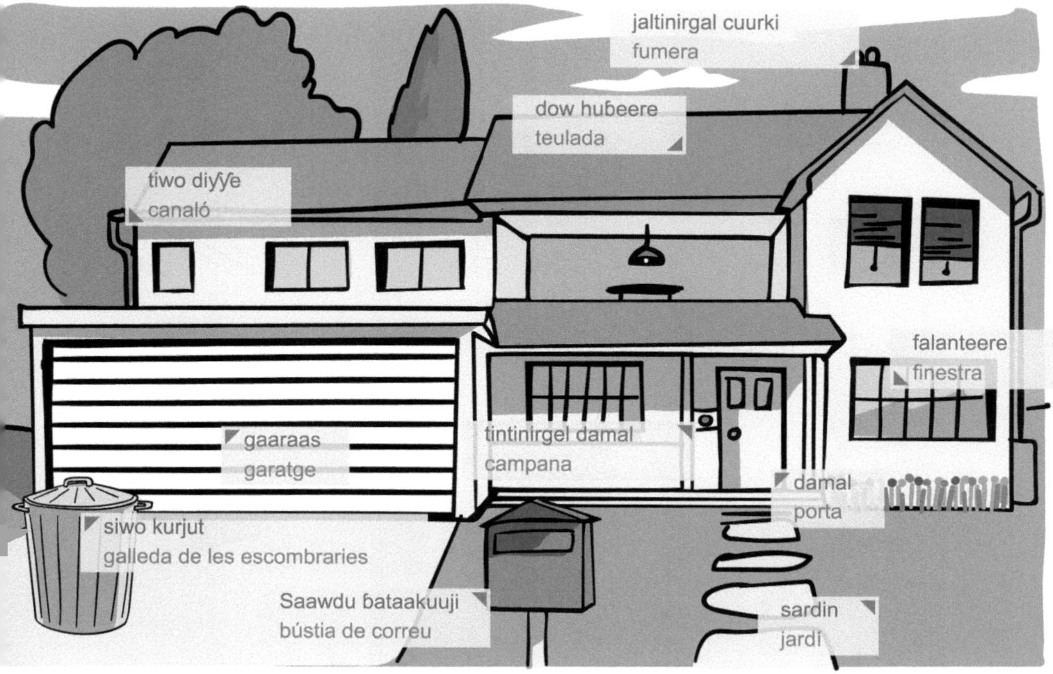
jaltinirgal cuurki
fumera
dow huɓeere
teulada
tiwo diyɓe
canaló
falanteere
finestra
gaaraas
garatge
tintinirgel damal
campana
damal
porta
siwo kurjut
galleda de les escombraries
Saawdu ɓataakuuji
bústia de correu
sardin
jardí

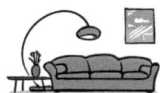

suudu yeewtere

sala d'estar

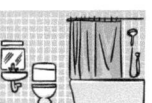

tarodde

bany

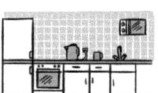

waañ

cuina

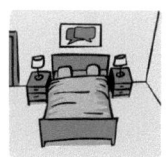

suudu waalduru

cambra de dormir

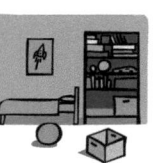

suudu sakaaɓe

cambra de nen

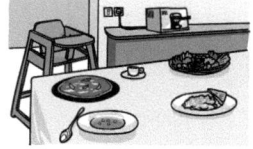

suudu hiraande

menjador

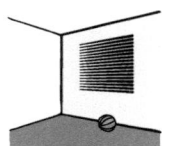

karawal
sòl

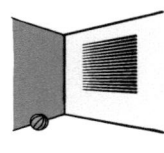

balal
paret

asamaan suudu
sostre

faawru
soterrani

soona e ɗemngal farase
sauna

balko
balcó

teeraas
terrassa

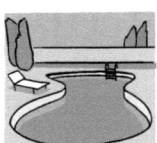

pisin
piscina

keefoowo huɗo
tallagespa

darap
vànova

darap
cobrellit

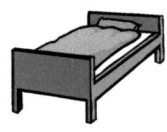

leeso
llit

pittirgal
escombra

suwo
galleda

ñifirgel
interruptor

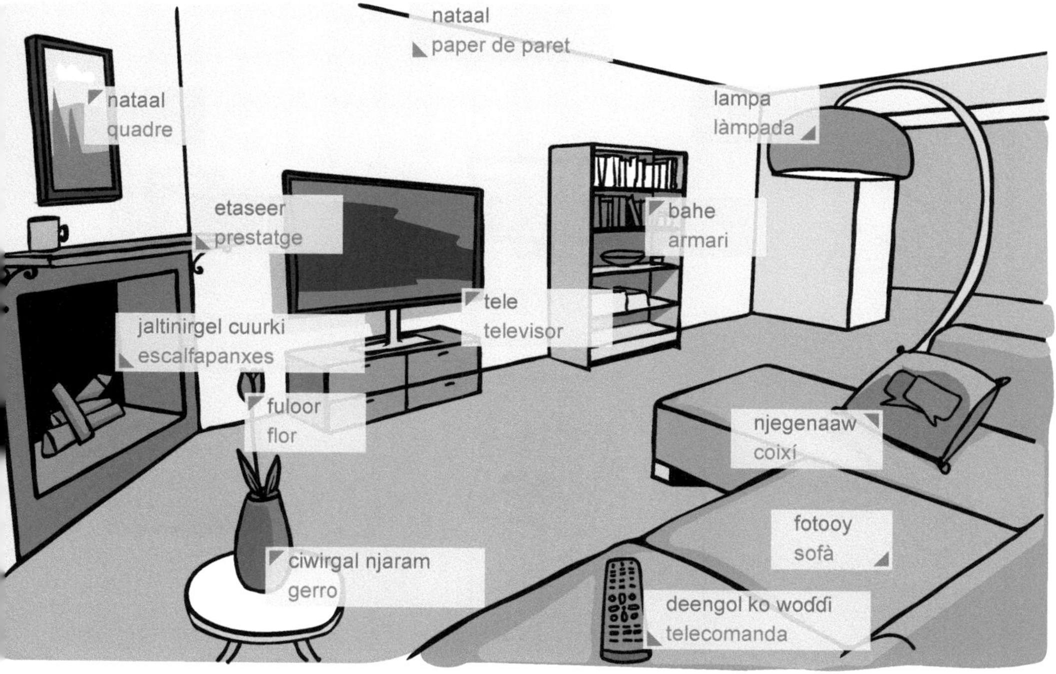

nataal
paper de paret

nataal
quadre

lampa
làmpada

etaseer
prestatge

bahe
armari

tele
televisor

jaltinirgel cuurki
escalfapanxes

fuloor
flor

njegenaaw
coixí

fotooy
sofà

ciwirgal njaram
gerro

deengol ko woɗɗi
telecomanda

tappi
catifa

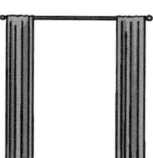

rido
cortina

taabal
taula

jooɗorgal
cadira

jooɗorgal timmungal
cadira gronxadora

jooɗorgal tuggateengal
cadiral

deftere
llibre

cuddirgal
llençol

jooɗnugol
decoració

leɗɗe kuɓɓateeɗe
llenya

filmo
film

materiyel hi-fi
cadena de música

coktirgal
clau

kaayit kabaruuji
diari

pentirgol
pintura

posteer
cartell

rajo
ràdio

teskorgel
bloc de notes

boɗowel pusiyeer
aspiradora

kaktis
cactus

sondel
candela

waañ
cuina

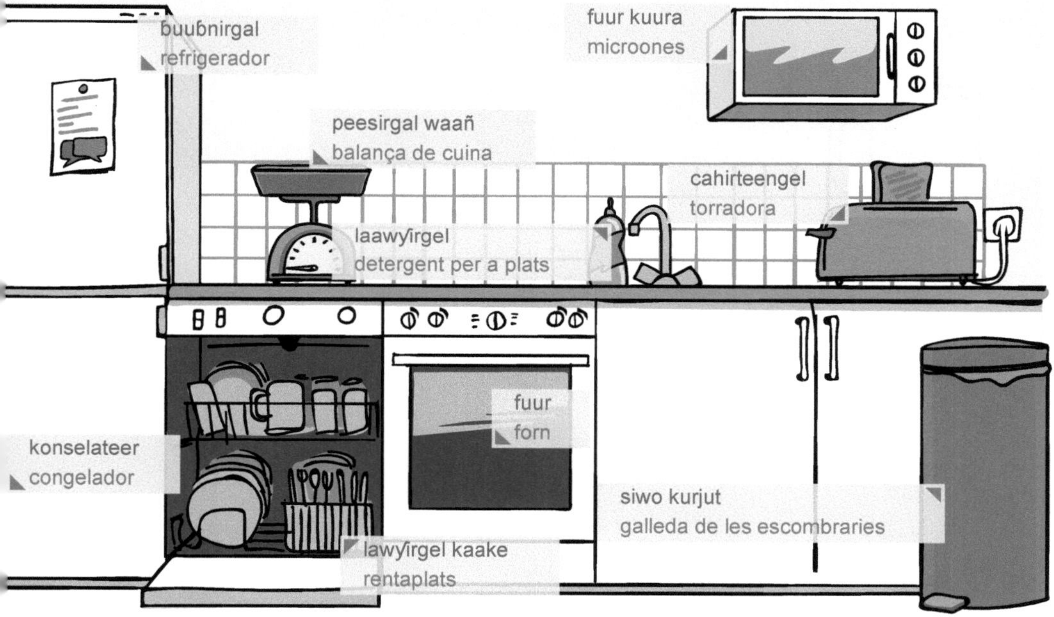
buuɓnirgal
refrigerador
fuur kuura
microones
peesirgal waañ
balança de cuina
cahirteengel
torradora
laawyirgel
detergent per a plats
fuur
forn
konselateer
congelador
siwo kurjut
galleda de les escombraries
lawyirgel kaake
rentaplats

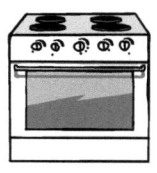

fuurno

cuina de fogons

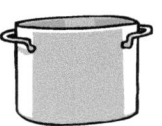

pot

olla

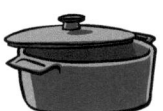

barme

olla de ferro colat

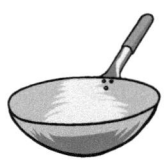

kasorol

wok / karahi

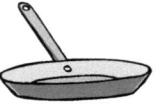

kasorol

paella

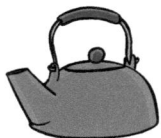

satalla

bullidor

suppere defirteende

olla de vapor

pool defirteeɗo

plata de forn

lawyugol kaake

vaixella

pot jarduɗo

tassa grossa

suppeere

bol

ñibirgon ñaamdu

bastonets xinesos

kuddu luus

culler

kayit ɗakirteeɗo

espàtula

iirtude

batedor

ceɗirgel

colador

tame

sedàs

keefirgel

ratllador

moññirgal

morter

juɗgol

barbacoa

jeyngol e henndu

foc a terra

coppirgal

taula de tallar

degnirgel ñaamdu
feewnateendu

corró

udditirgel butel

llevataps

buwaat

pot de conserva

udditirgel buwat

obridor

nangirgel pot

agafador

siimtude

aigüera

boros

raspall

eppoos

esponja

jiiɓirgel

batedora

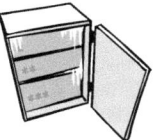

battowel galaas

congelador

jardugel tiggu

biberó

robine

aixeta

tarodde

bany

gulnirgel suudo
calefacció
momtirgel
tovallola
lootogol
dutxa
birnirgel lootorgal
cortina de dutxa
lootogol e ngufu
bany de bombollles
ngaska buftorteengo
banyera
weer
got
masinŋ lootnoowo
rentadora
robine
aixeta
kette senge
rajoles
potsamburu
orinal
siimtude
aigüera

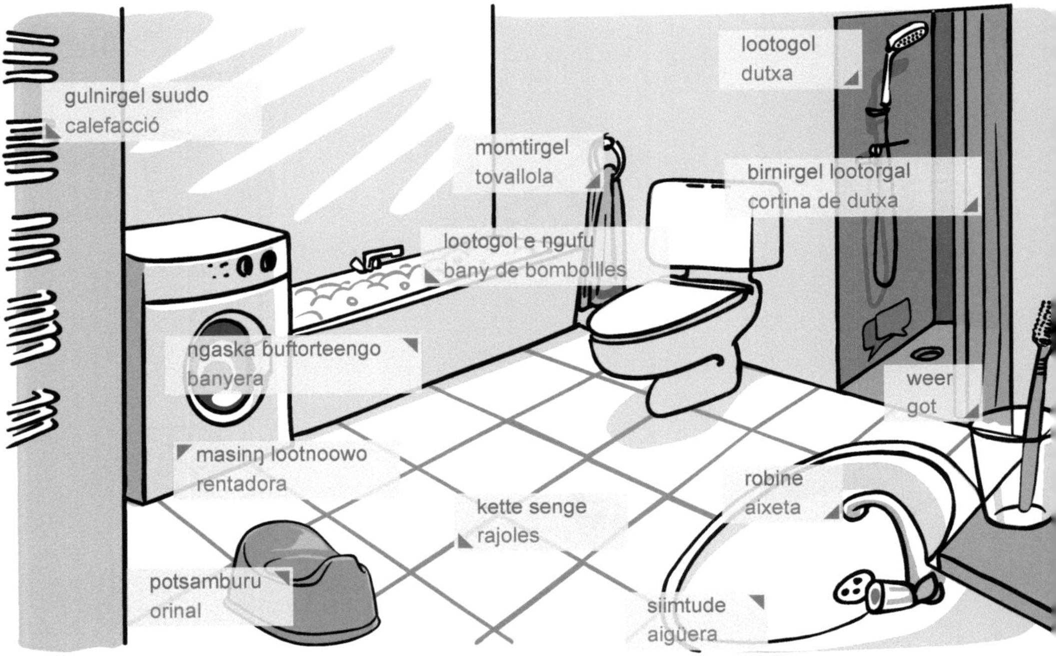

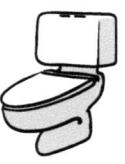

taarorde

lavabo

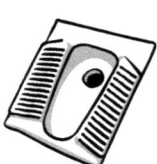

joɗorgal kuwirteengal

lavabo turc

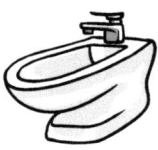

biisirgel ndiyam

bidet

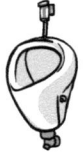

taarodde

orinador

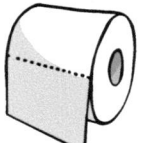

kaayit momtirɗo

paper higiènic

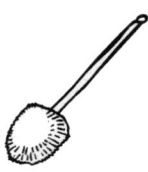

boros taarorde

escombreta de sanitari

coccorgal ƴiiye

raspall de dents

sabunde ƴiiye

pasta de dents

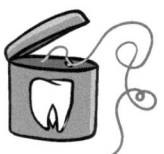

gaarowol ñiire

fil dental

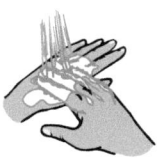

lawƴude

rentar

ɓoggol lootirteengol

pom de dutxa

ɓuftogol

dutxa íntima

loowirteengel

rentamans

demirgel huɗo

raspall per a l'esquena

sabunnde

sabó

saabunde ɓuftorteende

gel de dutxa

sampoye

xampú

limsere wiro

manyopla de bany

ciiygol

bonera

kerem

crema

uurnirgel

desodorant

daandorgal

mirall

daandorgal pamoral

mirall-espill de mà

pembirgel

maquineta de rasar

ngufu pembol

espuma de barbejar

moomiteengel pembol

loció post-rasada

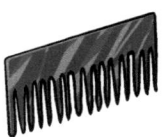

yeesoode

pinta

boros

raspall

joornirgel sukunndu

eixugador

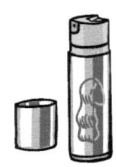

peewnirgel sukunndu

laca

makiyaas

maquillatge

joodirgel toni

pintallavis

momtirgel cegeneeji

esmalt d'ungles

garowol wiro

cotó

siso cegeneeji

tallaungles

parfon

perfum

waxande lootorgal

estoig de bellesa

kuudi

tamboret

peesirgal

bàscula

wutte cuftorteeɗo

barnús

gaŋuuji dalli

guants de goma

momtirer ƴiiƴam ella

compresa higiènica

kuus tiggu

compresa

lootogol simik

sanitari químic

suudu sakaaɓe

cambra de nen

pindinirgel
despertador
kullel fijirde
animal de peluix
oto pijirgel
auto de joguina
dillere
sonall
galle pijirgel
casa de nines
hannde
present

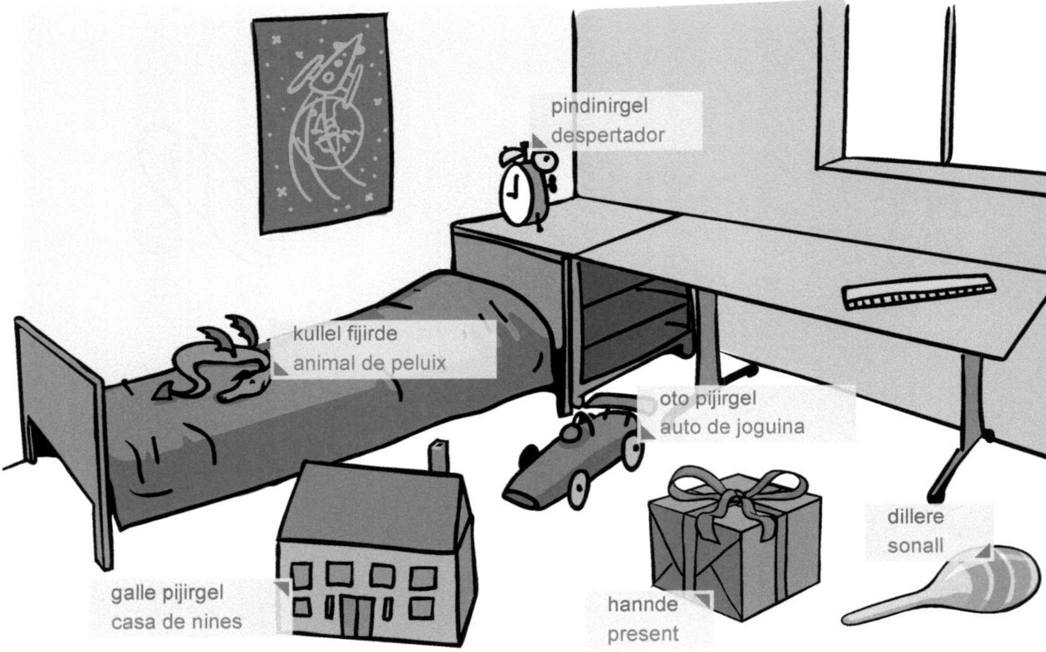

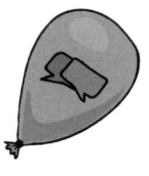

sumalle dalli

baló

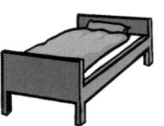

leeso

llit

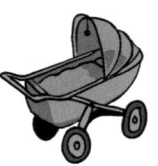

duñirgel tiggu

cotxet per a nens

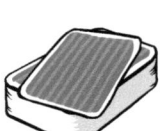

nokkere karte

joc de cartes

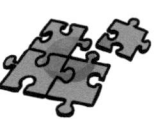

fijirde lombondirgol

trencaclosca

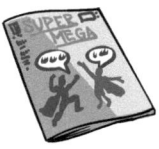

njalniika

historieta

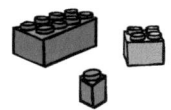

pijirgel tuufeeje

peces de lego

tuufeeje

peces de construcció

pijirgel

ninot d'acció

comcol tiggu

granota

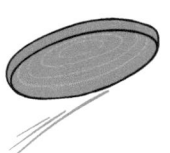

palaat diwwoow

frisbee

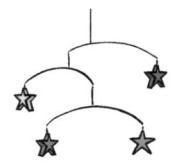

noddirgel

mòbil per a bressol

pijirgel

joc de taula

dee

daus

ñemtinirgel laana ndegoowa

tren elèctric

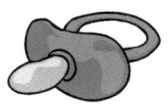

neɗɗo fuuunti

xumet

fijirde

festa

deftere nate

llibre de dibuixos

bal

pilota

puppe

nina

fijde

jugar

mbalka ceenal

sorrera

beeltirgal

gronxador

pijirgel

joguines

pijiteengel see widewo

consola de jocs de vídeo

welo biifi tati

tricicle

pijirgel kullel urs

osset de peluix

armuwaar

armari

comcol

roba

kawase

mitjons

kawase

mitges

tuubayon ɓittukon

mitja pantaló

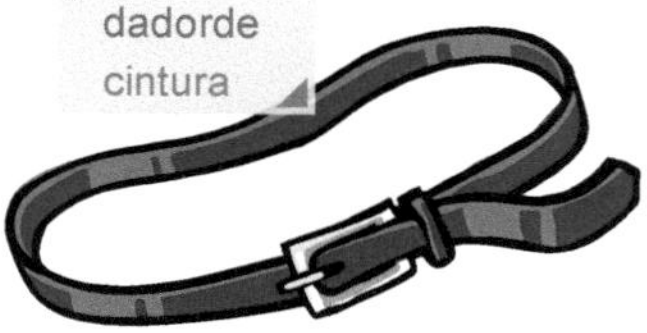

musuuro
tapacoll

paraseewal
paraigua

dadorde
cintura

tiset
camiseta

pađe toowđe
botes

pađe suudu
plantofes

pađe bokkateeđe
sabates d'esport

pađe diwa
....
sandàlies

pađe
....
sabates

pađđe toowđe lirotoođe
....
botes de goma

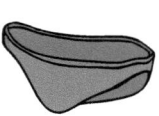

cakkirđi
....
calçonets

sucengors
....
sostenidor

silet
....
guardapits

banndu

jjustacòs

tuuba

pantalons

jiin

jeans

robbo

faldeta

buluson

brusa

simis

camisa

piliweer

jersei

weste nebbu

dessuadora

layset

blazer

jaget

jaqueta

weste juudɗo

mantell

wutte toɓo

impermeable

kostim

vestit de dona

robbo

vestit de dona

robbo yange

vestit de núvia

weste

vestit d'home

wutte baalduɗo

camisa de dormir

pijama

pijama

sari

sari

muusooro

mocador de cap

kaala

turbant

kaala

burca

sabndoor

caftan

abbaay

abaia

comcol lumbirogol

vestit de bany

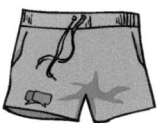

cakkirɗi

calçon(et)s de bany

kilot

pantalons curts

joogin

xandall

limsere deffowo

davantal

gaŋuuji

guants

ɓoɗɗirgel

botó

lone

ulleres

jawo

braçalet

cakka

collaret

feggere

anell

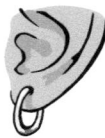

hootonde

orellera

laafa

casquet

liggirgal weste

penjador

laafa

capell

karawat

corbata

zip

cremallera

laafa ndeenka

casc

ganŋ

elàstics

comcol duɗal

uniforme escolar

iniform

uniforme

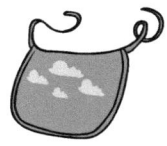

sarbetel daande

pitet

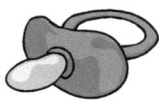

neɗɗo fuuunti

xumet

kuus

bolquer

gollirgal
oficina

serveer
servidor
baxane doodiyeeji
armari arxivador
kaayit
paper
jaltinirgel kaayit
impressora
ekaran
monitor
biro
escriptori
suuri
ratolí
caawiirgel doosiyeeji
arxivador
tappirde
teclat
suwo kurjut
paperera
ordinateer
ordinador
jooɗorgal
cadira

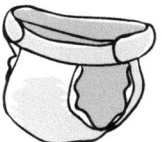

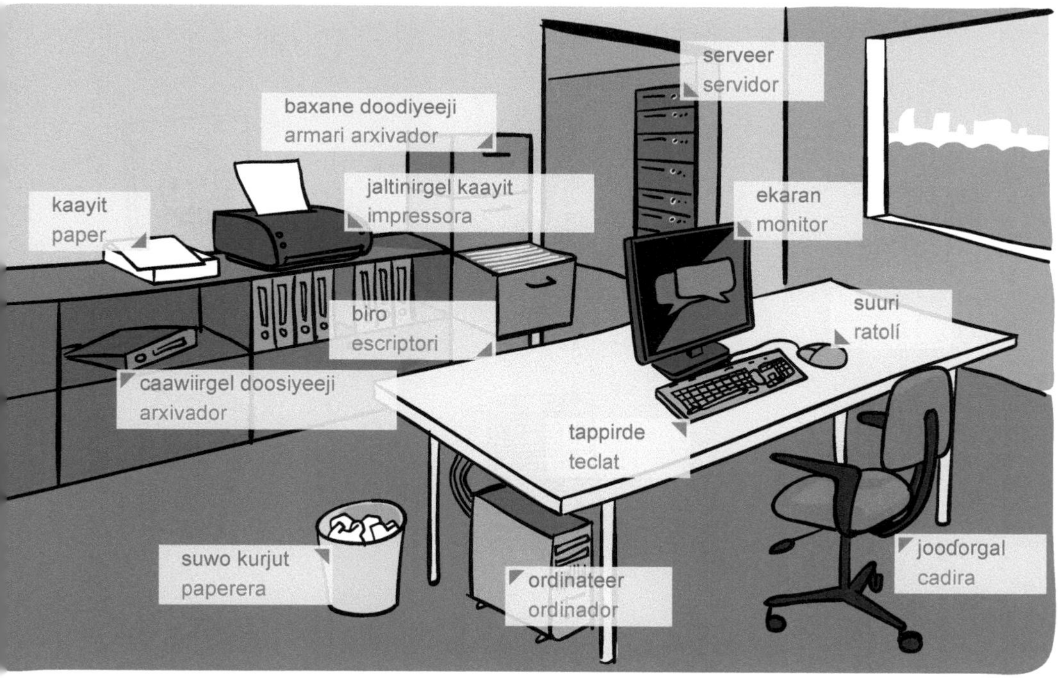

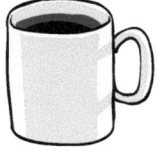

kuppu kafe

tassa de cafè

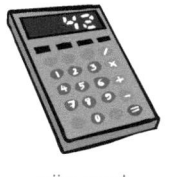

qiimorgal

calculadora

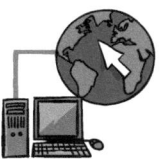

enternet

Internet

ordinateer beelnateeɗo

ordinador portàtil

ɓataake

lletra

ɓataake

missatge

noddirgel

mòbil

reso

xarxa

cottitirgel

fotocopiadora

losisiyel

programari

noddirgel

telèfon

ceŋirgel ɓoggol kuura

presa de corrent

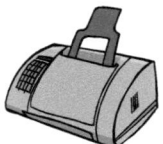

masinŋ faks

fax

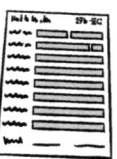

mbaadi

formulari

dokiman

document

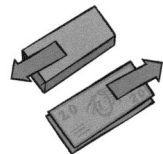

soodde
....
comprar

soodde
....
pagar

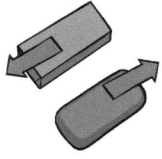

yeyde
....
comerciar

kaalis
....
diners

 USD

dolaar
....
dòlar

 EUR

eroo
....
euro

 JPY

yen
....
ien

 RUB

ruubal
....
ruble

 CHF

faran Siwis
....
franc suís

 CNY

yuwaan renminbi
....
renminbi

 INR

rupii
....
rupia

masinŋ keestorɗo kaalis
....
caixa automàtica

nokku beccugol e neldugol

oficina de canvi

kanŋe

or

kaalis

argent

esaans

petroli

sembe

energia

coggu

preu

kontara

contracte

taks

impost

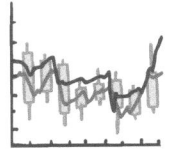

marsandiss moftaaɗo

acció

gollude

treballar

gollinteeɗo

treballador

gollinoowo

empresari

isin

fàbrica

bitik

botiga

dadiiɗo
oficial de policia

ñifooɓe jeyle
bomber

defoowo
cuiner

cafroowo
doctora

pilot
pilot

toppitiiɗo sardin
jardiner

minise
fuster

ñootoowo
costurera

ñaawoowo
jutge

simist e ɗemngal farayse
química

aktoor
actor

dognoowo biis

conductor d'autobús

dognoowo taksi

taxista

gawoowo

pescador

pittoowo

dona de la neteja

cengirɗe huɓeere

ensostrador

carwoowo

cambrer

daddoowo

caçador

pentiroowo

pintor

piyoowo mburu

forner

gollowo kuura

electricista

mahoowo

obrer de la construcció

enseñeer

enginyer

jeyoowo teew keso

carnisser

polombiyer

llanterner

nawoowo ɓatakuuji

correu

kooninke
soldat

diidoowo ɓahanteeri
arquitecte

kestotooɗo
caixera

jeyoowo fuloraaji
florista

mooroowo
perruquer

dognoowo
revisor

mekanisiyenŋ
mecànic

kapiteen
capità

cafroowo ƴiiƴe
dentista

miijotooɗo
científic

kellifaaɗo diine to israayel
rabí

imaam
imam

muwaan e e ɗemngal
farayse
monjo

kellifaaɗo diine heerereeɓe
capellà

kuutorɗe
eines

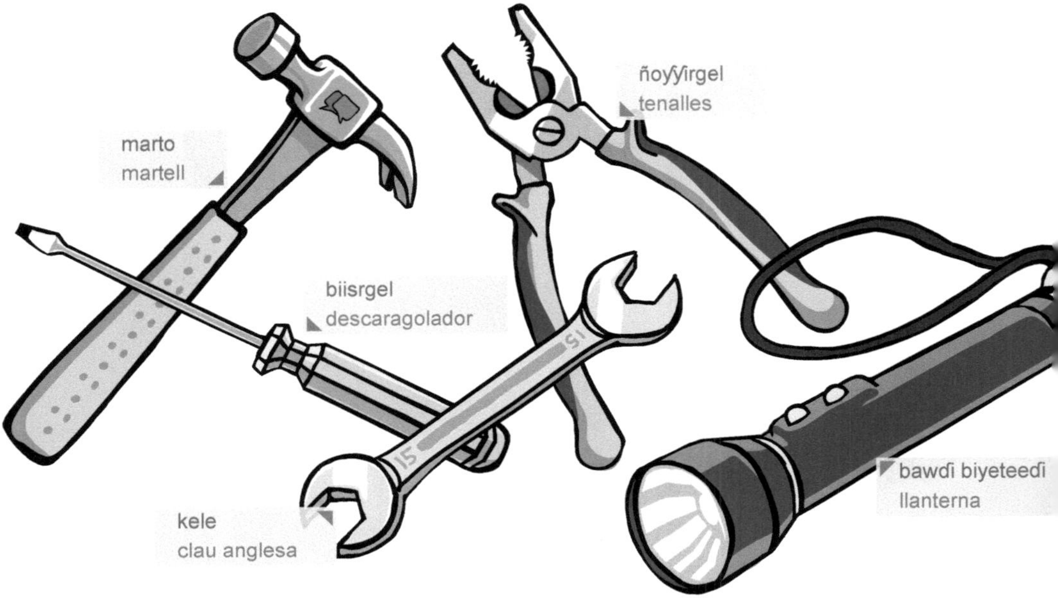

ñoyƴirgel
tenalles
marto
martell
biisrgel
descaragolador
kele
clau anglesa
bawɗi biyeteeɗi
llanterna

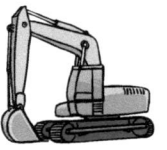

pikku

excavadora

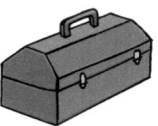

baxanel kaɓorɗe

caixa d'eines

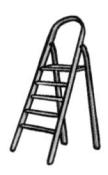

ŋabbirgal

escala

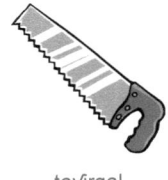

taƴirgal

serra

ƴiɓirɗe

claus

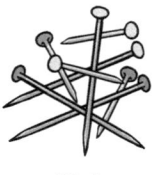

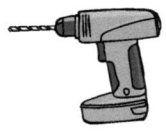

julirgal

trepant

fewnitde
reparar

nokkirgel
pala

Soo!
Maleït siga!

boftirgel kurjut
pala

pot penttiir
pot de pintura

wiisuuji
caragols

kongirgon misik
instrument de música

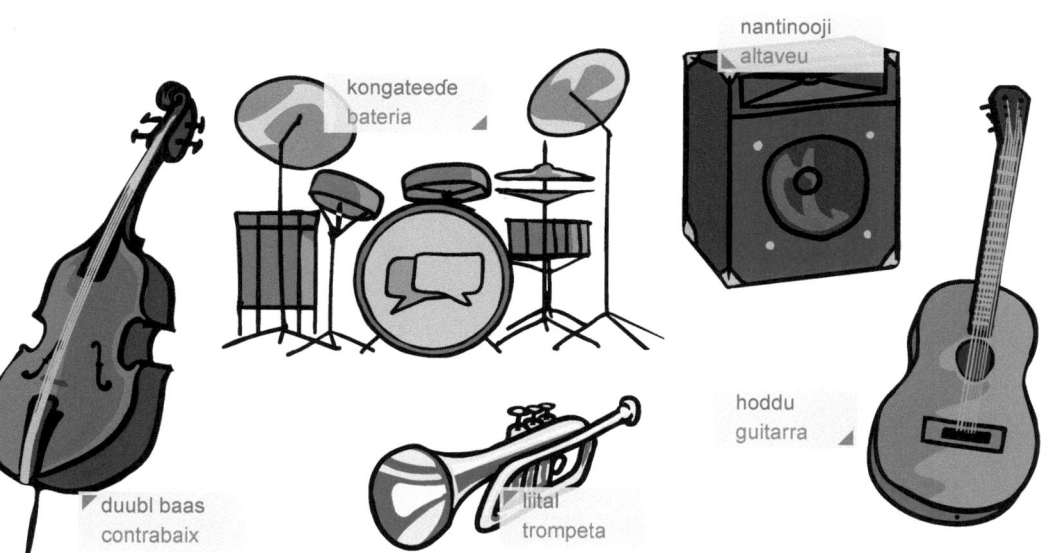

nantinooji
altaveu

kongateeɗe
bateria

hoddu
guitarra

duubl baas
contrabaix

liital
trompeta

piayaano
piano

wiyolon
violí

baas
baix

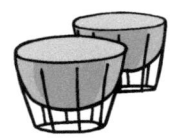

bowɗi biyeteeɗi timpani
timbal

bawɗi
tambor

tappirgal
teclat

saksofoon
saxofon

nguurdu
flauta

mikoro
micròfon

nokku kullon
zoo

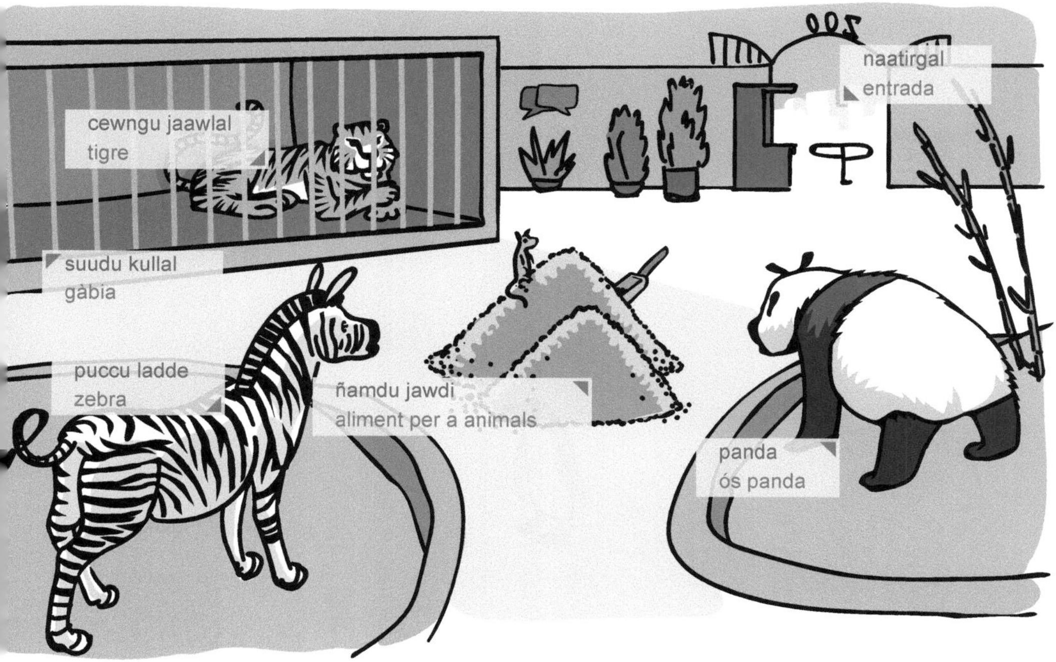

cewngu jaawlal
tigre
suudu kullal
gàbia
puccu ladde
zebra
ñamdu jawdi
aliment per a animals
naatirgal
entrada
panda
ós panda

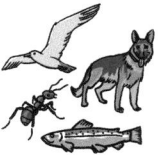

kulle

animals

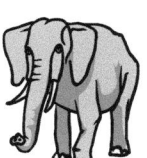

ñiiwa

elefant

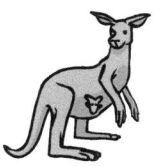

kanguru

cangurú

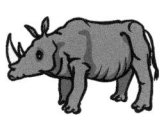

rinoseros

rinoceront

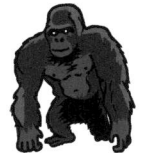

waandu mowndu

goril·la

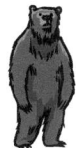

urs

ós

ngelooba

camell

sundu ɓurndu mownude

estruç

mbaroodi

lleó

waandu

simi

ñaaral pural

flamenc

seku

papagai

urso galaas

ós polar

liingu wiyeteendu penguwe

pingüí

lingu reke

ca mari

ndiwri wiyeteendu pawon

paó

laadoori

serp

nooro

cocodril

deenoowo zoo

guardià del zoo

togoori ndiyam wiyeteendu
fok e farayse

foca

cewngu

jaguar

molu
poni

cewngu
lleopard

ngabu
hipopòtam

njabala
girafa

ciilal
àliga

mbabba tugal
senglar

liingu
peix

heende
tortuga

kullal biyeteengal morse
morsa

renaar
guineu

lella
gasela

Fuggukoyngel Amerknaaɓe
futbol americà

dognugol welo
ciclisme

tenis
tenis

beysbol
bàsquet

lumbagol
natació

boks
boxa

fuggukoyngel e galaas
hoquei sobre gel

Fuggukoyngel
futbol americà

badminton
bàdminton

atelettuuji
atletisme

hanbol
handbol

fijirɗe deggol e nees
esquí

polo
polo

golle
activitats

jalde
riure
diwde
saltar
ɓuucaade
abraçar
yaade
anar
yimde
cantar
hoyɗitaade
somiar
juulde
pregar
buucaade
fer un petó

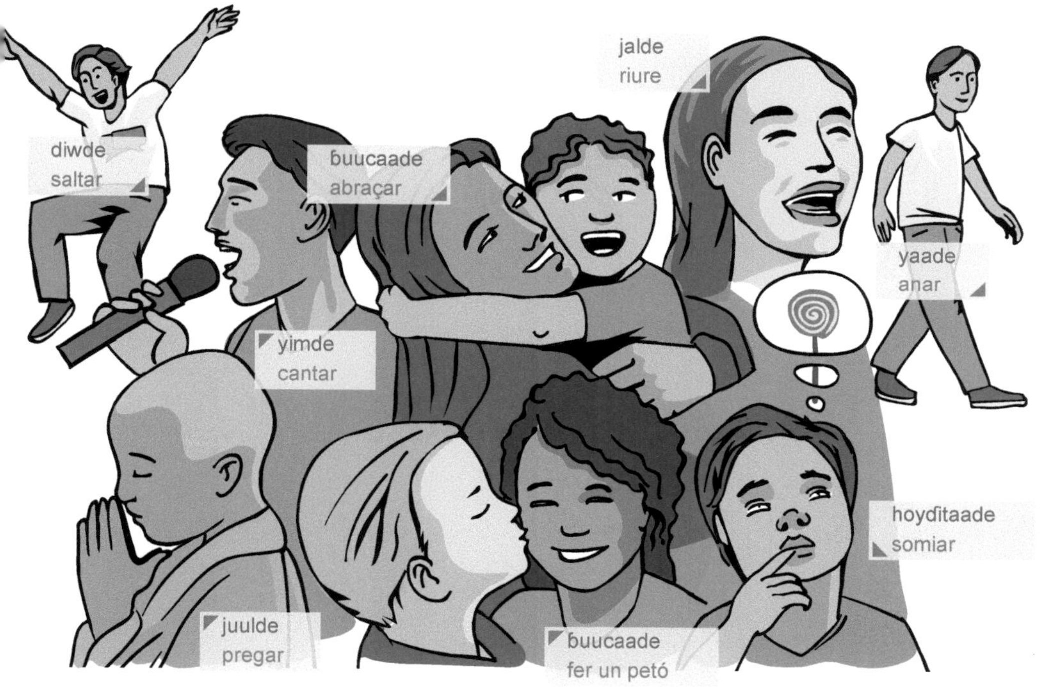

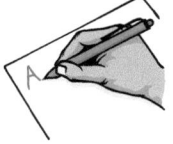

windude
escriure

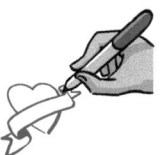

siifde
dibuixar

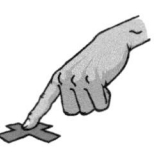

hollude
mostrar

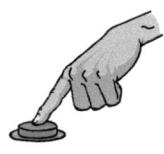

duñde
pitjar

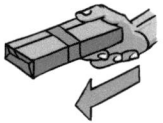

rokkude
donar

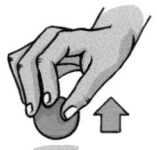

ƴettude
prendre

deñde
....
tenir

waďde
....
fer

wonde
....
ésser

ummaade
....
estar dret

dogde
....
córrer

fooďde
....
estirar

weddaade
....
llançar

yande
....
caure

fende
....
jeure

sabbaade
....
esperar

roondaade
....
portar

jooďaade
....
asseure's

ɓoornaade
....
vestir-se

ďaanaade
....
dormir

finde
....
despertar-se

ƴeewde

mirar

woyde

plorar

helde

amoixar

yeesaade

pentinar

haalde

parlar

faamde

comprendre

naamnaade

demanar

heɗaade

escoltar

yarde

beure

ñaamde

menjar

hawrinde

endreçar

yiɗde

estimar

defde

cuinar

dognude

conduir

diwde

volar

awyŭde

navegar

qimaade

calcular

jangude

llegir

jangude

aprendre

gollude

treballar

resde

casar-se

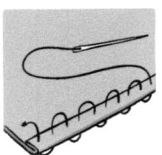

ñootde

cosir

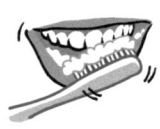

soccaade ŷiiŷe

raspallar-se les dents

warde

matar

simmaade

fumar

neldude

enviar

niraaɗo debbo

taaniraaɗo gorko
avi

baabiraaɗo
pare

yummiraaɗo
mare

tiggu
naɗó

biɗɗo debbo
filla

biɗɗo gorko
fill

koɗo
convidat

goggiraaɗo
tia

kaawiraaɗo
oncle

mowniraaɗo gorko
germà

mowniraaɗo debbo
germana

ɓandu

cos

tiinde
front
yiitere
ull
walabo
espatlla
feɗendu
dit
yeeso
cara
waare
barbeta
jungo
mà
koyngal
cama
endu
pit
jungo
braç

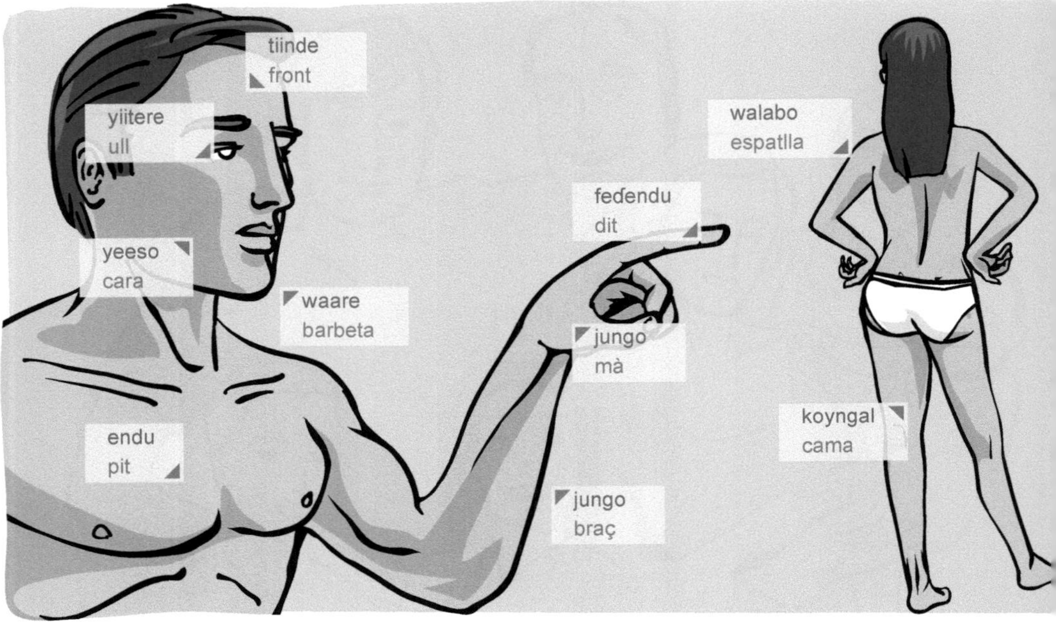

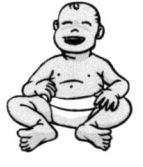

tiggu

nadó

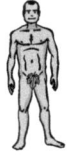

gorko

home

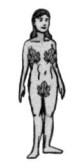

debbo

dona

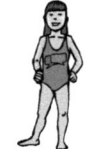

deftere kongoli

noia

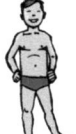

suka gorko

noi

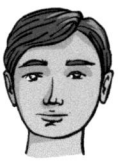

hoore

cap

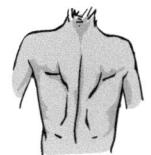

keeci

esquena

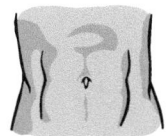

reedu

panxa

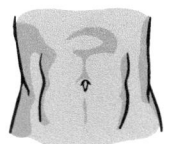

wuddu

melic

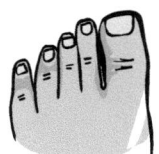

feɗendu koyngal

dit gros del peu

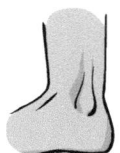

jaɓborgal

taló

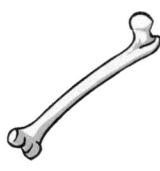

yĩyal

os

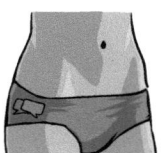

rotere

maluc

hofru

genoll

salndu junngu

colze

hinere

nas

dote

cul

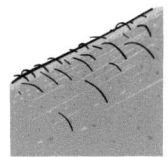

nguru

pell

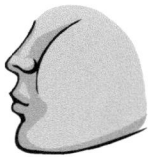

aɓɓulo

galta

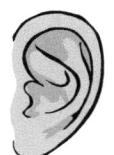

nofru

orella

tonndu

llavi

hunuko

boca

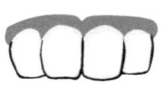

ñiire

dent

ɗemngal

llengua

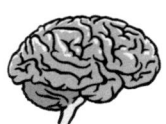

ngaandi

cervell

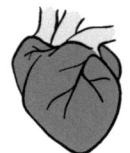

bernde

cor

yĩyal

múscul

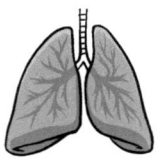

wecco

pulmó

heeñere

fetge

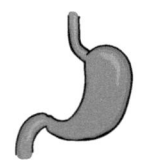

estoma

estómac

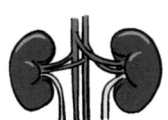

tekteki mawni

ronyó

terɗe

relació sexual

laafa ndeenka

preservatiu

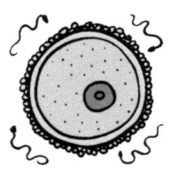

boccoonde maniya

ovari

maniya

semen

reedu

prenyat

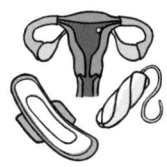

ÿiiÿam ella

menstruació

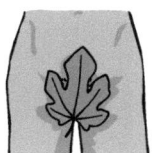

farja

vagina

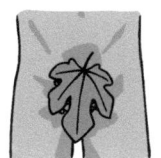

kaake

penis

leeɓi dow yiitere

cella

sukunndu

cabells

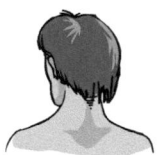

daande

coll

suudu safirdu

hospital

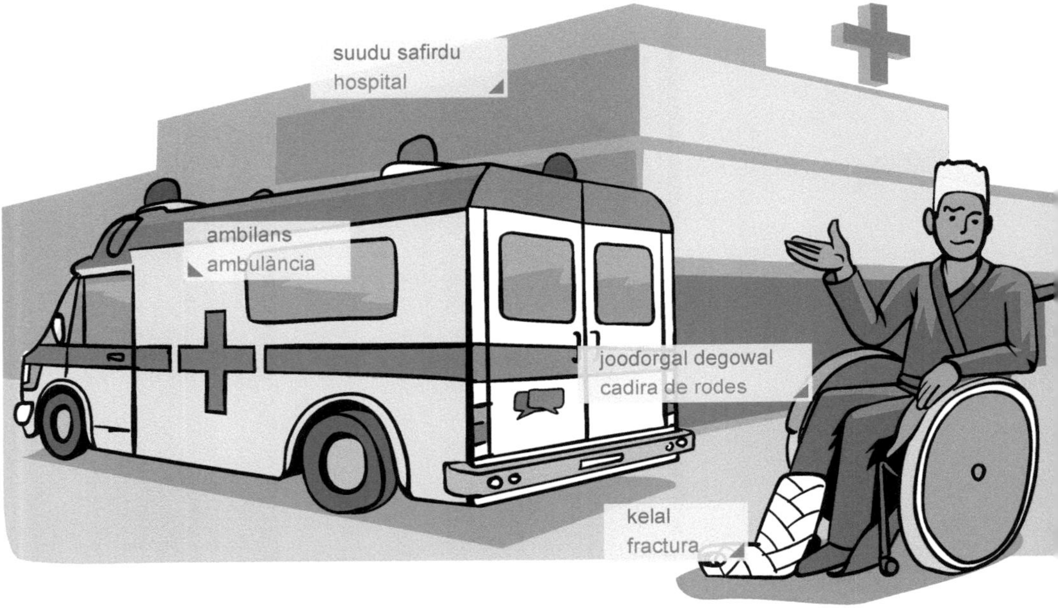

suudu safirdu
hospital
ambilans
ambulància
joodorgal degowal
cadira de rodes
kelal
fractura

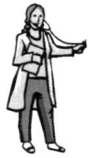

cafroowo

doctora

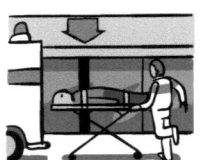

suudo irsaans

sala d'urgències

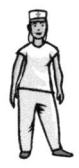

cafroowo

infermera

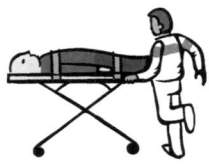

irsaans

urgència

paɗɗiiɗo

inconscient

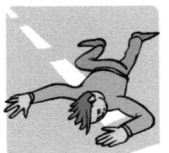

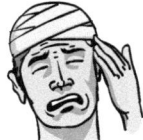

muuseeki

dolor

gaañande

ferida

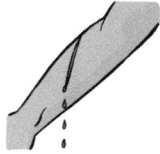

tuyƴude

sagnament

ɓernde dartiinde

atac de cor

darogol ɓernde

apoplexia

alersi

al·lèrgia

ɗojjugol

tos

nguleeki ɓandu

febre

maɓɓo

gripa

reedu dogooru

diarrea

muuseeki hoore

mal de cap

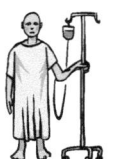

kanser

càncer

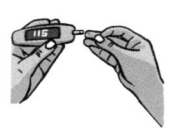

jabet

diabetis

operasiyon

cirurgià

ceekirgel

escalpel

operasiyon

operació

CT
....
tomografia computada (TC), TAC

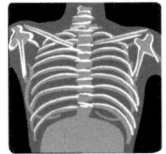

reyon-x
....
raigs x

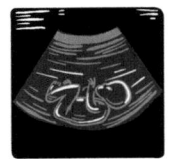

iltarason
....
ultrasò

mask yeeso
....
mascareta

ñaw
....
malaltia

suudu sabbordu
....
sala d'espera

sawru tuggorgal
....
crossa

palatar
....
tireta

bandaas
....
embenat

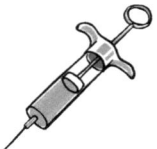

pikkitagol
....
injecció

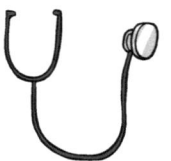

keɗirgel dille ɓandu
....
estetoscopi

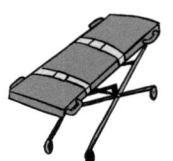

balankaaru
....
llitera

betirgel nguleeki ɓanndu
....
termòmetre clínic

jibinegol
....
pariment

ɓandu ɓurtundu
....
sobrepès

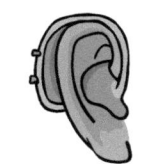

ɓallotirgel nonooje

aparell auditiu

desefektan

desinfectant

infeksiyon

infecció

viris

virus

HIV / SIDA

VIH / SIDA

safaara

medicina

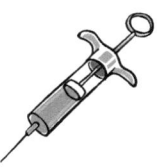

ñakko

vaccí

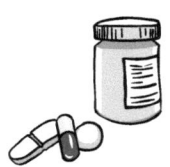

tabletuuji

comprimits

foɗɗere

píl·lola

noddaango heñoraango

trucada d'urgència

ɓetirgel dogdu ƴiiƴam

tensiòmetre

sellaani / salli

malalt / sà

Paabode!

Socors!

tintinirgel

alarma

jangol

assalt

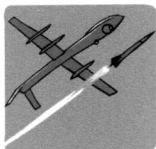

yande e

atac

musiiba

perill

damal dandirgal

sortida-eixida d'urgència

Paabode!

Foc!

ñifirgel jeynge

extintor

aksida

accident

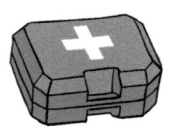

gede cafrorde gadane

farmaciola de primers
auxilis

BALLAL

SOS

Polis

policia

Erop

Europa

Amerik to Rewo

Amèrica del Nord

Amerik to Worgo

Amèrica del Sud

Afiriki

Àfrica

Asi

Àsia

Ostarali

Austràlia

Atalantik

Atlàntic

Pasifik

Pacífic

Oseyan Enje

Oceà Índic

Oseyan Antarktik

Oceà Antàrtic

Osean Arkatik

Oceà Àrtic

Bange Rewo

pol nord

Bange Worgo

pol sud

Antarktik

Antàrtida

Leydi

terra

leydi

país

maayo mawngo

mar

wuro nder ndiyam

illa

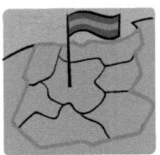

leydi

nació

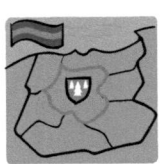

jamaanu

estat

yeeso montoor

quadrant

misalel waqtu

agulla de les hores

misalel hojomaaji

agulla dels minuts

misalel majanɗe

agulla dels segons

Hol waqtu jonɗo?

Quina hora és?

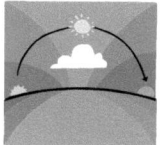

ñalawma

dia

saha

temps

jooni

ara

montoor disitaal

rellotge digital

hojom

minut

waqtu

hora

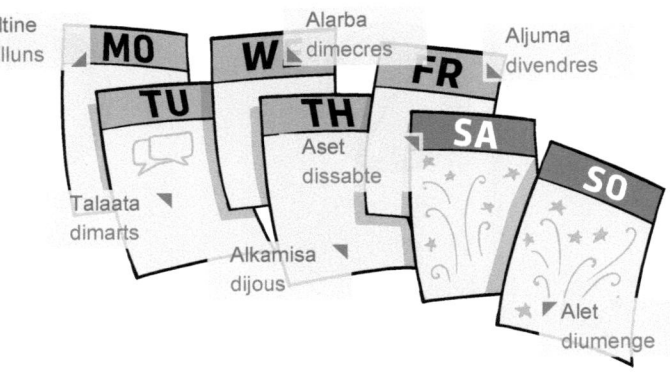

Altine / dilluns — MO
Talaata / dimarts — TU
Alarba / dimecres — W
Alkamisa / dijous — TH
Aljuma / divendres — FR
Aset / dissabte — SA
Alet / diumenge — SO

hanki
ahir

hande
avui

jango
demà

subaka
matí

beetawe
migdia

kikiiɗe
tarda

ñalawmaaji golle
dia feiner

ñalamaaji fooftere
cap de setmana

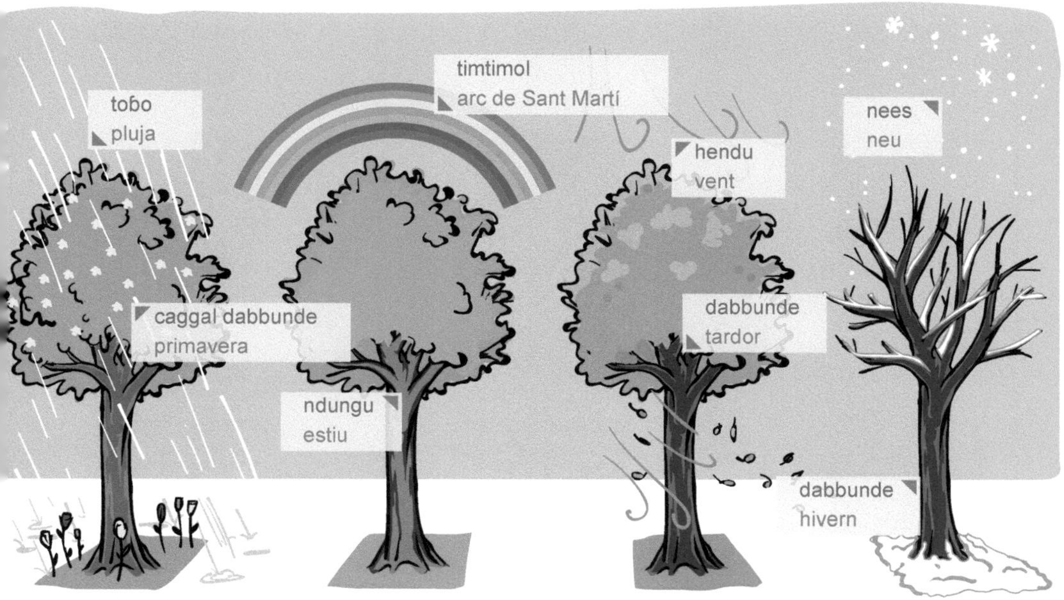

tobo
pluja

timtimol
arc de Sant Martí

hendu
vent

nees
neu

caggal dabbunde
primavera

dabbunde
tardor

ndungu
estiu

dabbunde
hivern

4.APRIL	11°
5.APRIL	4°
6.APRIL	13°
7.APRIL	8°
8.APRIL	10°

kabrugol geɗe weeyo

pronòstic del temps

betirgal nguleeki

termòmetre

nguleeki naange

llum del sol

duulal

núvol

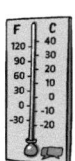

niɓɓere niwri

boira

ɓuuɓol

humiditat de l'aire

majaango

llamp

gidango

tro

hendu yaduungo e gidaali

tempesta

toɓo mawngo

calamarsa

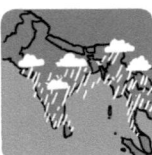

keneeli mawɗi

monsó

toɓo yooloongo

inundació

galaas

gel

Janwiye

gener

Feeviriye

febrer

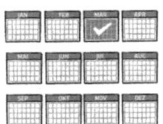

Mars

març

Awril

abril

Me

maig

Suwe

juny

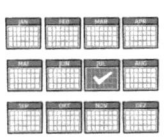

Suliye

juliol

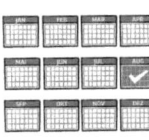

Ut

agost

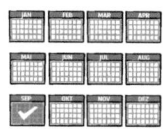

Setanbar

setembre

Oktobar

octubre

Noowambar

novembre

Desambar

desembre

Mbaadi
formes

taariɗum

cercle

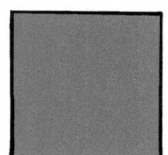

bangeeji potɗi

quadrat

rektangal

rectangle

tiriyangal

triangle

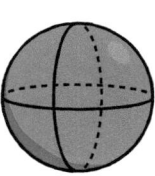

esfeer

esfera

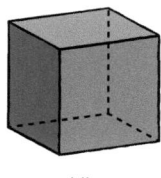

kib

cub

deneejo

blanc

puro

groc

oraas

taronja

roos

rosa

boɗeejo

vermell

yolet

lila

bulaajo

blau

werte

verd

baka

marró

giri

gris

baleejo

negre

heewi / famɗi

molt / poc

mittinɗo / deeyɗo

emprenyat / tranquil

yooɗi / soofi

bonic / lleig

fuɗɗorde / gasirde

començament / fi

mawni / famɗi

gran / petit

leeri / ɗibbiɗi

clar / fosc

mawniraaɗo gorko / debbo

germà / germana

laabi / tulmi

net / brut

timmi / manki

complet / incomplet

ñalawma / jamma

dia / nit

mayi / wuuri

mort / viu

yaaji / bitti

ample / estret

ñaame / ñaametaake
....
comestible / immenjable

bonđum / moỹỹi
....
dolent / amable

weelti / deeỹi
....
entusiasmat / entediat

ɓutto / cewđo
....
gros / prim

gadiiđo / cakkitiiđo
....
primer / darrer

sehil / gaño
....
amic / enemic

heewi / ɓolđi
....
ple / buit

tiiđi / hoyi
....
dur / tou

teddi / hoyi
....
pesant / lleuger

heege / đomka
....
gana / set

sellaani / salli
....
malalt / sà

dagaaki / dagi
....
il·legal / legal

ỹoyi / ỹiỹaani
....
intel·ligent / ximple

ñaamo / nano
....
esquerra / dreta

ɓadi / wođđi
....
prop / llunyà

keso / kiiɗɗo

nou / usat

haydara / huunde

res / quelcom

nayeeji / suka

vell / jove

ne heen / ala heen

encès / apagat

udditi / uddi

obert / tancat

deeyî / dilla

silenciós / sorollós

galo / baasɗo

ric / pobre

feewi / feewaani

correcte / incorrecte

tekki / ɗaati

aspre / suau

suni / weelti

trist / content

daɓɓo / jutɗo

curt / llarg

leeli / yaawi

lent / ràpid

leppi / yoori

humit / sec - eixut

wuli / ɓuuɓi

calent / fred

hare / jam

guerra / pau

0

meere

zero

1

goo

u

2

didi

dos

3

tati

tres

4

nay

quatre

5

joy

cinc

6

jeegom

sis

7

seedidi

set

8

jeetati

vuit

9

jeenay

nou

10

sappo

deu

11

sappo e goo

onze

12

sappo e ɗiɗi

dotze

13

sppo e tati

tretze

14

sappo e nay

catorze

15

sappo e joy

quinze

16

sappo e jeegom

setze

17

sappo e jeeɗiɗi

disset

18

sappo e jeetati

divuit

19

sappo e jeenay

dinou

20

noogas

vint

100

teemedere

cent

1.000

ujunere

mil

1.000.000

miliyonŋ

milió

Angale

anglès

Angale Amerik

anglès americà

Mandare Siin

xinès mandarí

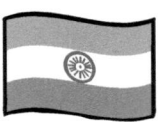

Indo

hindi

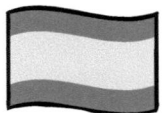

Español

espanyol

Farayse

francès

Arab

àrab

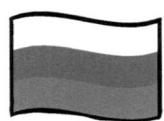

Riis

rus

Portige

portuguès

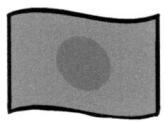

Bengali

bengalí

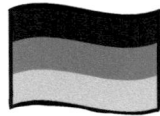

Alma

alemany

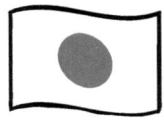

Sappone

japonès

miin

jo

ann

tu

kaŋŋko / kaŋŋko / kañum

ell / ella / allò

minen

nosaltres

onon

vosaltres

kamƀe

ells

holi oon?

qui?

hol đum?

què?

hol no?

com?

hol toon?

on?

mande?

quan?

innde

nom

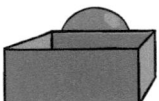

caggal

darrere

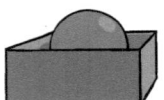

nder

en

yeeso

davant de

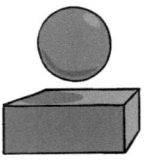

hedde

damunt

dow

sobre

les

sota

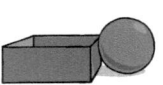

sara

al costat

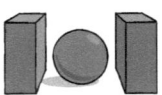

hakkunde

entre

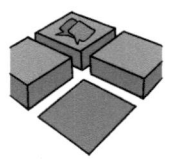

nokku

lloc